BEI GRIN MACHT SICH IHR
WISSEN BEZAHLT

- Wir veröffentlichen Ihre Hausarbeit,
  Bachelor- und Masterarbeit

- Ihr eigenes eBook und Buch -
  weltweit in allen wichtigen Shops

- Verdienen Sie an jedem Verkauf

Jetzt bei www.GRIN.com hochladen
und kostenlos publizieren

Jesse Bochert

Wie der Europäische Gerichtshof den bezahlten Sport revolutionierte - Das Bosman-Urteil und seine Auswirkungen

GRIN Verlag

Bibliografische Information der Deutschen Nationalbibliothek:

Die Deutsche Bibliothek verzeichnet diese Publikation in der Deutschen National-
bibliografie; detaillierte bibliografische Daten sind im Internet über http://dnb.d-
nb.de/ abrufbar.

Impressum:

Copyright © 2012 GRIN Verlag GmbH
Druck und Bindung: Books on Demand GmbH, Norderstedt Germany
ISBN: 978-3-656-18718-9

Dieses Buch bei GRIN:

http://www.grin.com/de/e-book/192931/wie-der-europaeische-gerichtshof-den-
bezahlten-sport-revolutionierte

GRIN - Your knowledge has value

Der GRIN Verlag publiziert seit 1998 wissenschaftliche Arbeiten von Studenten, Hochschullehrern und anderen Akademikern als eBook und gedrucktes Buch. Die Verlagswebsite www.grin.com ist die ideale Plattform zur Veröffentlichung von Hausarbeiten, Abschlussarbeiten, wissenschaftlichen Aufsätzen, Dissertationen und Fachbüchern.

Besuchen Sie uns im Internet:

http://www.grin.com/

http://www.facebook.com/grincom

http://www.twitter.com/grin_com

Universität Rostock

Institut für Politik- und Verwaltungswissenschaften

Wintersemester 2011/12

GK: Einführung in die Europäische Union

Modul: Einführung in die Internationale Politik

Wie der Europäische Gerichtshof den bezahlten Sport revolutionierte. Das Bosman-Urteil und seine Auswirkungen.

Jesse Bochert

Politikwissenschaft (3)

Germanistik (3)

Inhaltsverzeichnis

1. Einleitung

„Er hat das Gebäude des europäischen Sports, das auf festem Fundament zu ruhen schien, mit großem Knall in die Luft gejagt."[1]

Mit diesen Worten wurde der belgische Profifußballspieler, Jean-Marc Bosman, in den 90 Jahren beschrieben. Der Grund für diese Beschreibung war die Klage gegen sein ehemaligen Verein, den belgischen Fußballbund und schließlich auch gegen den europäischen Fußballverband, die so viel Aufsehen erregt, dass sogar der Europäische Gerichtshof der Gemeinschaften letztinstanzlich entscheiden musste. Die daraus resultierende Aufhebung der Ausländerklausel und die Nichtigkeit der bis dato gültigen Transferregelungen, sorgten nahezu für eine Revolution im bezahlten Sport. Überraschend für die Vereine war vor allem, dass das Urteil mit sofortiger Wirkung ausgesprochen wurde und so viele sogar den Untergang der nationalen Sportsysteme befürchteten.[2] Doch wie kam es dazu, dass eine belgische Zivilklage mit sportlichem Hintergrund bis zum Europäischen Gerichtshof kommt? Ist der Europäische Gerichtshof dafür überhaupt zuständig? Und was hatte das Urteil für Auswirkungen auf den Profisport?

Um diese Fragen beantworten zu können, müssen erst die Strukturen des Europäischen Gerichtshofs durchleuchtet und erklärt werden. Darüber hinaus muss geklärt werden, ob der Europäische Gerichtshof überhaupt das Unionsrecht anwenden durfte und wenn ja was für Ursachen und welche Bedingungen zum Bosman-Urteil geführt haben.

Gegenstand meiner Darstellung wird sein, den Europäischen Gerichtshof in seinem Aufbau und seiner Verfahrensweise darzustellen, um dann anschließend das Bosman-Urteil zu erläutern und die daraus resultierenden Auswirkungen darzulegen.

---

[1] www.spiegel.de
[2] Vgl. Riedel, Lars/ Cachay, Klaus: Bosman-Urteil und Nachwuchsförderung. Auswirkungen der Veränderung von Ausländerklauseln und Transferregelungen auf die Sportspiele; in: Bundesinstitut für Sportwissenschaft, 2002 Band 111, S. 11.

2. Der Gerichtshof der Europäischen Gemeinschaften

Der Europäische Gerichtshof (EuGH) galt bereits im EGKS-Vertrag als ein integraler Bestandteil der institutionellen Architektur. Dieses Organ stand nicht nur für die Gewaltenteilung zwischen den Mitgliedern und der neuen Gemeinschaft, sondern er war auch das Symbol für Rechtstaatlichkeit in dieser neuen und etwas anderen Zusammensetzung von vertiefter Gemeinschaft.[3] Der in Luxemburg ansässige EuGH hat sich über die Jahre hinweg mehr und mehr entwickelt und ist mit seinen Aufgaben gewachsen. Was das für Aufgaben sind und wie sich der EuGH zusammensetzt, möchte ich im folgenden Abschnitt erläutern.

2.1 Zusammensetzung

„Der Gerichtshof der Europäischen Union umfasst den Gerichtshof, das Gericht und die Fachgerichte."[4]

Der Gerichtshof der Europäischen Gemeinschaften besteht aus einem Richter je Mitgliedsstaat, also aktuell 27 (Art. 19 EUV), unterstützt werden sie von acht Generalanwälten, die Entscheidungsvorschläge ausarbeiten. Dem Vertrag von Lissabon zufolge (Art. 252 AEUV), kann die derzeitige Zahl von acht auf elf Generalanwälte erhöht werden, wenn der Gerichtshof dies beantragt.[5] Die Richter und Generalanwälte werden von den Regierungen der Mitgliedstaaten in gegenseitigem Einvernehmen benannt und auf sechs Jahre gewählt. Grundsätzlich ist eine Wiederwahl möglich (Art. 253 AEUV), während ihrer Amtszeit können sie jedoch nicht von den Regierungen abberufen werden. Sollte es dazu kommen, dass ein Richter oder Generalanwalt seine Verpflichtungen während der Amtszeit nicht mehr nachgehen kann oder die Voraussetzungen für die Ausübung seines Amtes nicht mehr erfüllt, kann nur der Gerichtshof selbst ihn per einvernehmlichen Beschluss seines Amtes entheben (Art. 6 Satzung des Gerichtshof [SG]).[6] Zu den Voraussetzungen, die ein Richter oder Generalanwalt erfüllen muss:

---

[3] Vgl. Wessels, Wolfgang: Das politische System der Europäischen Union, Wiesbaden 2008, S. 259.
[4] Art. 19 Abs. 1 EUV
[5] Vgl. Weidenfeld, Werner: Die Europäische Union, Paderborn 2011, S. 135.
[6] Vgl. Schmidt/ Siegmar/ Schünemann/ Wolf J.: Europäische Union. Eine Einführung, Baden-Baden 2009, S. 116.

„zählt zum einen ein Höchstmaß an Unparteilichkeit, das die Ausübung eines politischen Amts oder eines Amts in einer Verwaltung sowie jede andere entgeltliche oder unentgeltliche Berufstätigkeit ausschließt (Art. 4 SG) und in seinem Eid des Kandidaten vor Amtsantritt versichert werden muss (Art. 2 SG)."[7]

Zum anderen muss der Kandidat die in seinem Land erforderlichen Kriterien für die höchsten richterlichen Ämter erfüllen oder ein Jurist von „anerkannt hervorragender Befähigung" sein (Art. 253 AEUV). Um eine ständige Zirkulation zu schaffen, werden nicht alle 27 Richter nach sechs Jahren auf einmal ausgetauscht, sondern alle drei Jahre abwechselnd werden vierzehn oder dreizehn Richter sowie jedes Mal vier Generalanwälte neu benannt bzw. wiederbenannt. Ebenfalls alle drei Jahre wird der Präsident des Gerichtshofs aus ihrer Mitte heraus gewählt. Auch hier ist eine Wiederwahl möglich. Außerdem wählt der Gerichtshof seinen Kanzler, der eine Amtsperiode von sechs Jahren antritt und zugleich auch Generalsekretär des Gerichtshofs ist.[8]

Das Europäische Gericht (EuG) nahm seine Arbeit am 31. Oktober 1989 auf. Durch den angestiegen Arbeitsaufwand des EuGH sah man sich gezwungen eine zusätzliche Instanz für bestimmte Klagen einzurichten. Während die anfänglichen Aufgaben des EuG nur auf wenige Bereiche beschränkt waren, kam es in der Folgezeit zu einer Progression seiner Zuständigkeit, in erster Linie durch den Vertrag von Nizza, der für zusätzliche Entscheidungsbefugnisse sorgte. Simultan erfolgte eine Aufwertung der Rechtstellung zu einer autarken Rechtsprechungs-institution. Die Zusammensetzung des EuG richtet sich im Wesentlichen nach dem Vorbild des EuGH.

Zur weiteren Entlastung des EuGH und des EuG kreierte der Vertrag von Nizza die Grundlage für die Bildung von gerichtlichen Kammern bzw. Fachgerichten als zusätzliche erstinstanzliche Spruchkörper für besondere Sachgebiete.[9] Folge dessen wurde 2004 das Gericht für den öffentlichen Dienst errichtet.

---

[7] Ebd.
[8] Vgl. Ebd.
[9] Vgl. Magiera, Siegfried: Gerichtshof der Europäischen Union; in: Weidenfeld, Werner/ Wessels, Wolfgang (Hrsg.): Europa von A-Z, Bonn 2011, S. 258.

2.2 Zuständigkeit und Verfahren

„[Der EuGH] sichert die Wahrung des Rechts bei der Auslegung und Anwendung der Verträge. "[10]

Mit dem Inkrafttreten des Vertrags von Amsterdam 1999, wurde die Zuständigkeit der Bereiche Justiz- und Innenpolitik, insbesondere Asyl-, Einwanderungs- und Visapolitik ausgedehnt. Die anderen gelten Politikbereiche des EU-Vertrags wurden gar nicht oder nur teilweise der Rechtsprechung des EuGH unterworfen. Dies wurde durch den Vertrag von Lissabon und die daraus folgende Aufhebung der Säulenstruktur im Bereich Justiz- und Innenpolitik beseitig und im Bereich Gemeinsame Außen- und Sicherheitspolitik zumindest geringfügig gelockert. Der EuGH ist, im Rahmen seiner Zuständigkeit, auch befugt, Handlungen der Unionsinstitutionen und der Mitgliedstaaten auf ihre Vereinbarkeit mit den vorgeschriebenen Grundrechten, man denke hierbei z.B. an die Grundrechtecharta der Union, zu überprüfen.

Im Einzelnen beschäftigt sich der EuGH mit den ihm aufgetragenen Aufgaben, die aus den abschließend aufgeführten Verfahren im AEUV bestehen. Dabei lassen sich direkte Klagen, die den sofortigen Zugang zur Unionsgerichtsbarkeit eröffnen, und sonstige Verfahren, die erst das Subsidiaritätsprinzip durchlaufen, unterscheiden. Zu ersteren gehören insbesondere die Vertragsverletzung-, Nichtigkeits- und Untätigkeitsklagen, die Dienstrechtsklagen sowie die Schadensersatzklagen gegen die Union. Das Vorabentscheidungs- und das Gutachtenverfahren zählen zu den sonstigen Verfahren.

Das EuG ist Eingangsinstanz und ist somit grundsätzlich für direkte Klagen gegen Handlungen und Unterlassungen der Unionsorgane sowie für Schadensersatzklagen gegen die Union zuständig. Gegen die Beschlüsse kann ein auf Rechtsfragen beschränktes Rechtsmittel beim EuGH eingelegt werden. Durch den Vertrag von Nizza wurde das Entscheidungsmonopol des EuGH für Vorabentscheidungsverfahren dadurch begrenzt, dass die Zuständigkeit für festgelegte Bereiche auf das EuG übertragen werden kann. Außerdem kann der EuGH die Entscheidungen des EuG überprüfen, allerdings nur wenn es sich um eine

---

[10] Art. 19 Abs. 1 EUV

ernste Gefahr für die Einheit oder die Kohärenz des Unionsrechts handelt. Gleiches gilt für das zuvor besprochene Vorabentscheidungsverfahren.[11]

Gemessen an ihrer praktischen Bedeutung können drei Verfahren hervorgehoben werden:

- Die Nichtigkeitsklage ermöglicht, dass Rechtshandlungen der EU-Organe überprüft werden. Klageberechtigt ist jeder Mitgliedstaat und jedes Unionsorgan. Darüber hinaus:

  „kann jede natürliche und juristische Person einen Rechtsakt eines Organs dann direkt mit der Nichtigkeitsklage angreifen, wenn sie von der Maßnahme unmittelbar und individuell sowie – nach dem Vertrag von Lissabon – nunmehr in bestimmten Fällen auch lediglich unmittelbar betroffen ist".[12]

- Im Rahmen der Vertragsverletzungsklage wird überprüft, ob ein Mitgliedstaat sich der nicht Einhaltung des Unionsrecht schuldig gemacht hat. Hauptaugenmerk hierbei ist die unterbliebene, verspätete oder nicht ordnungsgemäße Umsetzung von Richtlinien in nationales Recht. Klageberechtigt sind die Europäische Kommission und alle Mitgliedstaaten, wobei die Mitgliedstaaten bei Vertragsverletzungen meist die Kommission rufen.

- Das Vorabentscheidungsverfahren ist symbolisch für die Zusammenarbeit zwischen den mitgliedstaatlichen Gerichten und dem EuGH. Hierbei: *„handelt es sich um ein Zwischenverfahren innerhalb eines Rechtsstreit vor einem mitgliedstaatlichen Gericht, in dem dies berechtigt und, wenn es letztinstanzlich entscheidet, verpflichtet ist, dem EuGH Fragen zur Auslegung und Gültigkeit des Unionsrechts vorzulegen, soweit diese für das Ausgangsverfahren entscheidungserheblich sind".*[13]

2.3 Wahrung der Rechtseinheit

Die ordnungsgemäße Anwendung des Unionsrechts und die daraus resultierende Kontrolle obliegen nicht nur dem EuGH, sondern auch der mitgliedstaatlichen Gerichte. Die mitgliedstaatlichen Gerichte werden infolgedessen auch als Unionsgerichte im funktionellen Sinn bezeichnet. Demzufolge besteht die Gefahr, dass es zu voneinander abweichenden

---

[11] Vgl. Magiera, Siegfried: Gerichtshof der Europäischen Union; in: Weidenfeld, Werner/ Wessels, Wolfgang (Hrsg.): Europa von A-Z, Bonn 2011, S. 259ff.
[12] Ebd.
[13] Ebd.

Entscheidungen, und somit zur unterschiedlichen Anwendung des Unionsrechts in den einzelnen Mitgliedstaaten, kommen kann. Die EU ist jedoch:

„in erster Linie eine Rechtsgemeinschaft, für deren Wirksamkeit eine allgemeine und einheitliche Geltung ihrer Rechtsordnung unentbehrlich ist".[14]

Um dies zu gewährleisten ist dem EuGH, zur Wahrung des Rechts, die letztinstanzliche Kontrolle der Anwendung des Unionsrechts zugewiesen. Und Folge dessen hat er die Befugnis, eine für alle Mitgliedstaaten verbindliche Auslegung und Fortbildung des Unionsrechts vorzunehmen. Dabei stützt sich der EuGH auf Systematik, Wortlaut sowie Sinn und Zweck der jeweiligen Vorschrift. Des Weiteren findet die Erhaltung der Funktionsfähigkeit der Union hervorgehobene Beachtung. In der Rechtsprechung fällt unterdessen oft der Begriff „effet utile", der aus dem französischen kommt und wörtlich übersetzt praktische Wirung bedeutet, und somit im konkreten Einzelfall die praktische Wirksamkeit gewährleisten soll. Aufgrund der temporär kurzen und der noch nicht abgeschlossenen Entwicklung des Unionsrechts besteht die besondere Notwendigkeit, Regelungslücken durch die Rechtsprechung des EuGH zu schließen. Fundamental für die Rechtfortbildung des EuGH sind die gemeinsamen Wertevorstellungen in den Verfassungsgrundsätzen der Mitgliedstaaten. Aus denen heraus entwickelt der EuGH, unter wertender Rechtsvergleichung und unter Berücksichtigung der Struktur und Ziele der Union, allgemeine Rechtsgrundsätze des Unionsrechts. Sich selbst jedoch an die Stelle der Rechtssprechorgane zu setzten, bleibt dem EuGH, wie jedem anderen Gericht auch, verwehrt.[15]

Um das Kapitel abzurunden und ein Ausblick auf das nächste zu geben, möchte ich Siegfried Magiera mit folgenden Satz zitieren:

„Die wichtigsten Grundsätze, die vom EuGH durch Auslegung und Rechtsfortbildung herausgearbeitet wurden, sind die unmittelbare Anwendbarkeit und Wirkung von Unionsrecht, dessen Vorrang vor nationalem Recht, die Haftung der Mitgliedstaaten

---

[14] Magiera, Siegfried: Gerichtshof der Europäischen Union; in: Weidenfeld, Werner/ Wessels, Wolfgang (Hrsg.): Europa von A-Z, Bonn 2011, S. 261.
[15] Vgl. ebd. S. 261f.

für Verstöße gegen das Unionsrecht sowie die Gewährleistung unionsrechtlicher Grundrechte."[16]

3. Das Bosman-Urteil

Der Fall Bosman und das daraus resultierende Urteil des EuGH, revolutionierte den Profisport in Europa. Besonders im Fußball mussten sämtliche Reglements umgestellt werden. Im folgenden Kapitel möchte ich darstellen und erläutern, wie es der EuGH geschafft hat, unter Anwendung des Unionsrechts, aktiv in den Profisport einzugreifen.

3.1 Freizügigkeit von Berufsfußballspielern

Wie im Kapitel 2.2 angesprochen kann es dazu kommen das ein nationales Gericht:

„verpflichtet ist, dem EuGH Fragen zur Auslegung und Gültigkeit des Unionsrechts vorzulegen, soweit diese für das Ausgangsverfahren entscheidungserheblich sind".[17]

Zur Einhaltung dessen hat der Cour d´Appel Lüttich (belgisches Gericht) Fragen nach der Auslegung des Art. 45 AEUV (ex-Art. 39 EGV) dem EuGH zur Vorabentscheidung vorgelegt.[18] Es handelte sich um folgende Ausgangssituation:

Der belgische Fußballprofi Jean-Marc Bosman stand von 1988 bis 30. 6 1990 beim Erstligist RFC Lüttich unter Vertrag, der ihm ein durchschnittliches Monatsgehalt von 120000 Belgischen Francs einschließlich Prämien sicherte. Am 21. 4. 1990 bot der RFCL Herrn Bosman einen neuen Vertrag für die kommende Saison an, nach dem sein Monatsgehalt auf 30000 Belgische Francs, den in der Verbandssatzung der Union royale belge des societes de football association (URBSFA) vorgesehenen Mindestbetrag, verringert wurde. Nachdem Herr Bosman es ablehnte den Vertrag zu unterschreiben, wurde er auf die Transferliste gesetzt. Die Ausbildungsentschädigung wurde, gemäß der Satzung des URBSFA, auf 11743000 Belgische Francs datiert. Folge dessen nahm Herr Bosman mit dem französischen

---

[16] Ebd.
[17] Magiera, Siegfried: Gerichtshof der Europäischen Union; in: Weidenfeld, Werner/ Wessels, Wolfgang (Hrsg.): Europa von A-Z, Bonn 2011, S. 261.
[18] Vgl. EuGH: Freizügigkeit von Berufsfußballspielern (Fall Bosman); in: Neue Juristische Woche,1996 Heft 8, S. 505.

Zweitligaverein US Dünkirchen Kontakt auf, da kein anderer Verein Interesse an einem Zwangstransfer hatte. Es kam zu einer Verpflichtung für ein Monatsgehalt von etwa 100000 Belgischen Francs und ein Handgeld von etwa 900000 Belgischen Francs. Am 27. 7. 1990 entstand ein Vertrag zwischen dem RFCL und der US Dünkirchen, der den zeitweiligen Transfer von Herrn Bosman für die Dauer eines Jahres gegen Zahlung einer mit Eingang des Freigabescheins der URBSFA bei der Federation francaise de football (FFF) fällig werdenden Entschädigung von 1200000 Belgischen Francs vorsah. Ebenfalls in diesem Vertrag enthalten war eine unwiderrufliche Option auf den endgültigen Transfer des Spielers für eine Summe von 4800000 Belgischen Francs an der US Dünkirchen. Wichtig hierbei jedoch war der Fakt, dass:

> *„ [d]ie beiden Verträge zwischen der US Dünkirchen und dem RCL sowie zwischen der US Dünkirchen und Herrn Bosman standen jedoch unter der aufschiebenden Bedingung, daß die URBSFA der FFF den Freigabeschein vor dem ersten Saisonspiel übermittelte, das am 2. 8. 1990 stattfinden sollte.* "[19]

Da der RFCL sich unsicher war über die Liquidität der US Dünkirchen, unterließ er es, bei der URBSFA die Übermittlung des Freigabescheins an die FFF zu beantragen. So wurden beide Verträge für nichtig erklärt. Ergänzend kam hinzu, dass der RFCL den Spieler Bosman am 31. 7. 1990 sperrte und ihn somit hinderte an der Saison teilzunehmen.

Am 8. 8. 1990 erhob Herr Bosman beim Tribunal de Premiere Instance Lüttich Klage gegen den RFCL. Simultan stellte er einen Antrag auf einstweilige Anordnung, der zum einen darauf zielte, den RFCL und die URBSFA zu verurteilen, ihm einen monatlichen Vorschuss von 100000 Belgischen Francs zu zahlen, bis er einen anderen Verein findet, zum anderen, den Arbeitgeber zu untersagen, seine Einstellung - insbesondere durch Verlangen einer Geldsumme - zu behindern, und abschließend, dem Gerichtshof eine Frage zur Vorabentscheidung vorzulegen. Am 9. 11. 1990 verurteilte der Richter der einstweiligen Anordnung den RFCL und die URBSFA, Herrn Bosman einen monatlichen Vorschuss von 30000 Belgischen Francs zu gewährleisten, und befahl, die Behinderung bei der Vereinssuche von Herrn Bosman zu unterlassen. Darüber hinaus legte er dem EuGH eine Frage nach der Auslegung von Art. 48 (Art. 45 AEUV) im Hinblick auf die Regelung über den Transfer von Berufsspielern (im Folgenden: Transferregeln) zur Vorabentscheidung vor (Rs. C-340/90). Im Oktober 1990 wurde Herr Bosman vom französischen Zweitligaverein Saint-Quentin unter

---

[19] Ebd. S. 506.

der Voraussetzung verpflichtet, dass seinem Antrag auf einstweilige Anordnung stattgegeben würde. Sein Vertrag wurde jedoch nach einer Saison aufgelöst. Daraufhin unterschrieb Herr Bosman, im Februar 1992, beim französischen Verein Saint-Denis de la Reunion einen neuen Vertrag, der wenig später wieder aufgelöst wurde. Nach weiterer Suche in Belgien und Frankreich wechselte er schließlich zu Olympic de Charleroi, einem belgischen Drittligist.[20]

„Nach Auffassung des vorlegenden Gerichts lassen schwerwiegende übereinstimmende ermutungen darauf schließen, daß Herr Bosman trotz des ihm durch den Beschluß über die einstweilige Anordnung gewährten 'Freiraums' einem Boykott seitens aller europäischen Vereine, die ihn hätten verpflichten können, ausgesetzt worden sei."[21]

Am 9. 4. 1992 reichte Herr Bosman neue Anträge ein. Hauptbestandteil dieser Rechtsstreitigkeiten waren die Transferregeln und die Ausländerklauseln für nichtig zu erklären und den RFCL, die URBSFA und die Union of European Football Associations (UEFA europäische Hauptverband) zu verurteilen, ihm wegen ihres schuldhaften Verhaltens und das daraus folgende Scheitern seines Transfers zur US Dünkirchen einen Betrag in Höhe von 11368350 Belgischen Francs, der dem Schaden entsprach, der ihm vom 1. 8. 1990 bis zum Ende seiner Laufbahn entstanden ist, und darüber hinaus einen Betrag in Höhe von 11743000 Belgischen Francs zu zahlen, der dem Gewinn seit seiner Karriere laufenden Transferkosten widerspiegelt. Hinzukommend beantragte er dem Gerichtshof eine Frage zur Vorabentscheidung vorzulegen. Mit dem Urteil vom 11. 6. 1992 erklärte sich das Tribunal de Premiere Instance Lüttich für zuständig, in der Hauptsache zu entscheiden.

Das Tribunal de Premiere Instance Lüttich stellte fest, dass die Prüfung der Forderungen von Herrn Bosman gegen die UEFA und die URBSFA und deren Transferregeln eventuell gegen das Unionsrecht verstoßen, und ersuchte den Gerichtshof um Auslegung der Art. 48, 85 und 86 EWGV (Rs. C-269/92). Die URBSFA, der RCL und die UEFA legten gegen dieses Urteil Berufung ein. Folge dessen kam es dazu, durch die aufschiebende Wirkung der Berufung, dass das Verfahren vor dem Gerichtshof ausgesetzt wurde.

Im Vorlageurteil bestätigte die Cour d'Appel Lüttich die ergangene Entscheidung, dass Art. 48 EWGV (Art. 45 AEUV) ebenso wie Art. 30 betroffen sein könnten. Zu Art. 85 EWGV

---

[20] Vgl. ebd.
[21] Ebd.

war das Gericht der Überzeugung, dass die Regelungen der FIFA, der UEFA und der URBSFA Beschlüsse von Unternehmensvereinigungen darstellen könnten, durch die die Vereine den Wettbewerb beschränkten, dem sie beim Erwerb der Spieler ausgesetzt seien. Außerdem hätten die Transferentschädigungen eine abschreckende Funktion und eine auf das Entgelt der Berufssportler mindernde Wirkung. Zusätzlich kam hinzu, dass durch die Ausländerquote nur eine bestimmte Anzahl von ausländischen Spielern gebraucht wurde. Schließlich werde der Handel zwischen Mitgliedstaaten insbesondere durch die Beschränkung der Mobilität der Spieler beeinträchtigt. [22]

3.2 Das Bosman-Urteil vom Gerichtshof der Europäischen Gemeinschaften

In erster Linie musste der EuGH in seiner Vorabentscheidung nach Art. 267 AEUV zunächst zur Zulässigkeit der Vorlage des nationalen belgischen Gerichts Stellung nehmen. Anschließend hat er sowohl die Transferregeln als auch die Ausländerklauseln der Verbandssatzungen im Hinblick auf die von der Freizügigkeitsgarantie erfassten Personen als mit Art. 45 AEUV unvereinbar gehalten und sie deshalb bei Sachverhalten mit Gemeinschaftsrechtsbezug für unanwendbar erklärt. Warum der EuGH eingriff und wie es zu dem Urteil kam möchte ich im Folgenden erläutern.

Insbesondere die UEFA und der belgische Fußballverband hatten erhebliche Bedenken bereits gegen die Zulässigkeit der Vorlage geltend gemacht. Sie waren der Meinung, dass ein Missbrauch des Verfahrens nach Art. 267 AEUV vorliegt und die Vorlage somit Unzulässig sei. Der EuGH hat sich allerdings mit diesen Bedenken gegen die Zulässigkeit der Vorlage sorgfältig auseinandergesetzt und ist zu dem Entschluss gekommen, dass die Vorlage absolute zulässig sei.[23]

Nachdem der EuGH die Vorabentscheidung für zulässig erklärt hat mussten nun die angefochtenen Artikel des Unionsrechts diskutiert werden. Der Gerichtshof hat Art. 45 AEUV:

---

[22] Vgl. ebd.
[23] Vgl. Hilf, Meinhard/ Pache, Eckhard: Das Bosman-Urteil des EuGH; in: Neue Juristische Woche, 1996 Heft 18, S. 1170.

„als ein Grundrecht angewandt, das die Freizügigkeit des Unionsbürgers nicht nur durch ein unmittelbares Diskriminierungsverbot, sondern ebenso durch ein Verbot nichtdiskriminierender Freizügigkeitsbeschränkungen schützt.“[24]

Auf diese Weise hat er die in seiner Rechtsprechung immer klarer zum hervorscheinen kommende Tendenz zu einer Konvergenz der Grundfreiheiten fortgesetzt und zugleich den Schutzbereich des Artikels weiter präzisiert. Zur Diskussion stand die Anwendbarkeit des Artikels auf den Sport. Vereine und Verbände sahen den Sport als Subsystem und somit von der Geltung des Unionsrechts ausgenommen, die betroffenen Regelungen waren nicht staatlicher, sondern privater Rechtsnatur, und Verbände und Vereine beriefen sich auf die Vereinigungsfreiheit. Der EuGH aber stellte fest, dass das Unionsrecht und somit der Art. 45 AEUV auch im Bereich des Sports gültig ist, soweit dieser dem Wirtschaftsleben zuzuordnen ist.

Ein Verstoß gegen den Artikel sieht der EuGH darin, dass durch die Transferregeln die Freizügigkeit nicht gegeben ist. Allein schon durch die drohenden Sanktionen bei nicht Zahlung der Ausbildungsentschädigung, wird die tatsächliche Möglichkeit zur Aufnahme einer Tätigkeit als Profifußballer im Ausland und damit die Freizügigkeit der Berufsfußballer erheblich beeinträchtigt. Die Transferregeln könnten allerdings trotz Verstoßes gegen den Artikel gerechtfertigt sein, unter der Voraussetzung, dass man mit dem Vertrag einen zu vereinbarenden Zweck in verhältnismäßiger Weise verfolgt. Der EuGH sah sowohl die Aufrechterhaltung des finanziellen Gleichgewichts zwischen den Vereinen als auch die Einstellung und Ausbildung junger Talente als berechtigte Zwecke auch im Sinne des Unionsrechts, die eine eventuelle Beschränkung der Freizügigkeit rechtfertigen. Gerechtfertigt sind Beschränkungen allerdings nur dann, wenn sie geeignet sind, die Verwirklichung des verfolgten Zwecks zu gewährleisten und genau das liegt bei den Transferregeln, nach Auffassung des EuGH, nicht vor, da auch bisher die reichsten Vereine die besten Spieler verpflichten konnten und die Liquidität stets ein entscheidender Faktor auch beim sportlichen Wettkampf waren. Aufgrund dessen kam der EuGH, in Bezug auf die Transferregeln und die damit verbundene Freizügigkeit, zu folgendem Ergebnis:

„Die bisher von den Fußballverbänden aufgestellten und allgemein verwendeten Transferregeln verstoßen gegen die durch Art. 48 EGV [Art. 45 AEUV] garantierte

---

[24]Ebd. S. 1171.

Freizügigkeit der Arbeitnehmer und sind deshalb für durch Art. 48 EGV [Art. 45 AEUV] erfaßte Sachverhalte unanwendbar."[25]

Auch die von Herrn Bosman angesprochene Ausländerklausel wurde untersucht. Die Ausländerklausel besagte, dass bei Spielen die durch den Verband organisiert wurden nur eine bestimmte Zahl von Ausländern auf dem Platz stehen durfte. Der EuGH kam zu dem Entschluss, dass auch die Ausländerklausel gegen den Art. 45 AEUV verstoße.[26] Da die Freizügigkeit der Arbeitnehmer nach Art. 45 AEUV beinhaltet, dass die Abschaffung jeder auf der Staatsangehörigkeit beruhenden unterschiedlichen Behandlung in Bezug auf Beschäftigung, Entlohnung und sonstige Arbeitsbedingungen gewährleistet ist.[27] Bei der Ausländerklausel geht es um die unterschiedliche Behandlung in Bezug auf Beschäftigung. Es wird zwar nicht vorgegeben wie viele Ausländer in der Mannschaft sein dürfen, jedoch wie viele Unionsbürger gleichzeitig am Wettkampf teilnehmen dürfen und da das das wesentliche Ziel eines Profifußballers ist, zählt dies als Einschränkung. Der Verband versuchte Rechtfertigungsgründe anzuführen. Einer der Gründe war die Erhaltung der Bindung jedes Vereins an sein Land, sodass eine Identifikation des Publikums mit dem Verein entstehe, außerdem gelang so eine Aufrechterhaltung des Gleichgewichts zwischen den Vereinen, denn wenn die Ausländerklausel nicht bestehe, dann würden sich die reichsten Vereine auch noch auf internationaler Ebene die besten Spieler sichern können.[28] Dieser Argumentation konnte der EuGH allerdings nicht folgen, sodass er zu folgenden Ergebnis kam:

„Da die in den Verbandssatzungen enthaltenen Ausländerklauseln den Einsatz von Ausländern nicht nur für Spiele zwischen Mannschaften, die ihre Länder repräsentieren, sondern für alle von den Verbänden veranstalteten offiziellen Spiele begrenzen, stellen sie keine i.S. der Rechtsprechung des EuGH zulässige Ausnahme vom Anwendungsbereich des Art. 58 EGV dar, sondern bedeuten einen grundsätzlichen Ausschluß der Geltung dieser Vorschrift für den Bereich des Berufsfußballs, der auch aus den von den Verbänden zusätzlich vorgetragenen Gründen nicht gerechtfertigt werden kann.“[29]

---

[25] Ebd. S.1172.
[26] Vgl. ebd.
[27] Vgl. Vertrag von Lissabon; in: Bundeszentrale für politische Bildung, 2010 Band 1056, S. 81.
[28] Vgl. Hilf, Meinhard/ Pache, Eckhard: Das Bosman-Urteil des EuGH; in: Neue Juristische Woche, 1996 Heft 18, S. 1173.
[29] Ebd.

3.3 Auswirkungen

Die Reaktionen in der Fußballwelt waren auf Untergangsstimmung geeicht. So sah Bayerns Manager Uli Hoeneß *„mittelfristig das ganze System kaputt gehen"* und Bremens Manager Willi Lemke prognostizierte gar eine *„Katastrophe, weil billige Gastarbeiter die Plätze für den deutschen Nachwuchs blockieren könnten".* Andere Kritiker wiederum beklagten, dass ein bis dato funktionstüchtiges System mit Anreiz und Ausgleichmechanismen aufgegeben werde, welche Spieler und Verein schützte. Denn die Transferentschädigungen schützten die Vereine, weil zur Wahl stand, ein Spieler selber auszubilden, oder gegen ein gewisses Entgelt einen ausgebildeten Spieler zu kaufen.[30]

Aus heutiger Sicht kann gesagt werden, dass die Auswirkungen des Urteils nicht ganz so drastisch sind.[31] Zumindest ist erkennbar, dass das System entgegen düsterer Prophezeiungen immer noch besteht. Dennoch sind die Auswirkungen für die Vereine gerade in finanzieller Hinsicht enorm. Sogar unter dem Aspekt, dass die fehlenden Einnahmen, die ein Verein errungen hätte bei einem Wechsel eines Spielers nach Vertragsende, sich ja durch die ausbleibenden Ablösesummen bei einer Neuverpflichtung neutralisieren, so ist es heutzutage üblich ein Handgeld zu zahlen um Spieler davon zu überzeugen zum jeweiligen Verein zu wechseln. So kommt es das Gute Spieler ohne Handgeld in der Regel nicht zu haben sind. Das problematische für die Vereine ist hierbei, dass das Handgeld direkt an den Spieler geht und dem keine Einnahmen für den Verein gegenüberstehen. Außerdem war die Ausbildungsentschädigung gerade für die kleinen und mittleren Vereine extrem wichtig, da sie junge Spieler ausbildeten und sie anschließend gewinnbringend an größere Vereine verkauften. Diese Einnahmequelle ist komplett weggefallen.

Eine deutlich erkennbare Auswirkung ist die klare Tendenz zu längeren Laufzeiten der Spielerverträge. So schützt sich der Verein vor einem ablösefreien Wechsel, trägt jedoch auch ein sehr hohes Risiko, da der Spieler ein festes Grundgehalt unabhängig von Leistung und Entwicklung bezieht. Am Ende profitiert der Spieler. Er kann nun die Entscheidungen treffen, darüber hinaus bekommt er ein kräftiges Handgeld und bekommt dazu noch einen

---

[30] Vgl. www.stern.de
[31] Vgl. Vgl. Riedel, Lars/ Cachay, Klaus: Bosman-Urteil und Nachwuchsförderung. Auswirkungen der Veränderung von Ausländerklauseln und Transferregelungen auf die Sportspiele; in: Bundesinstitut für Sportwissenschaft, 2002 Band 111, S. 11.

langjährigen Vertrag, der sein Einkommen sichert. So kommen selbst mittelmäßige Spieler ein stattliches Gehalt.[32] So stellte Karl-Heinz Rummenigge fest:

> *"Die Zeche haben die Vereine bezahlt. Das Urteil hat nur den Spielern geholfen."*[33]

Durch die Aufhebung der Ausländerklausel konnte man eine starke Migrationsbewegung erkennen und damit natürlich auch eine erhebliche Steigerung des Ausländeranteils in einer Mannschaft. Folge dessen wird es immer schwieriger für junge deutsche nachwuchstalente den Sprung in den Profikader zu schaffen. Das wiederum schlägt sich in letzter Konsequenz auch auf das Leistungsvermögen der deutschen Nationalmannschaft aus.[34]

4. Schlussbetrachtung

Der mit dem Maastrichter Vertrag eingeführte Begriff „Unionsbürger" bekommt immer mehr an Bedeutung. Spätestens nach dem vom Europäischen Gerichtshof gefällten Bosman-Urteil gilt dies nun auch für Profisportler. Der EuGH hat mit dem Urteil klar und deutlich festgelegt, dass das Unionsrecht und seine beinhalteten Artikel auch für Sportler gelten. Obwohl der Sport rechtlich gesehen immer als Subsystem wahrgenommen wurde, hat auch er sich dem Unionsrecht zu beugen. Der EuGH hat seine Entscheidung im Fall Bosman klar formuliert und systematisch nach und nach bewiesen warum das Unionsrecht greift und wie es auszulegen ist. Für den bezahlten Sport war das Urteil ein enormer Schock, der bei vielen Managern düstere Prognosen diagnostizierte. Für die Europäischen Profisportler jedoch ist nun auch die nach Art. 45 AEUV besagte Freizügigkeit gewährleistet. Es ist durchaus bewiesen, dass die Vereine an Macht verloren haben, aber um Willi Lemke, der ja nach dem Urteil eine Katastrophe vorausgesagt hatte, 15 Jahre später nochmal zu zitieren:

> *„Das System ist nicht zerbrochen, es gab keine Katastrophe und die Vereine haben mögliche Verluste längst ausgeglichen. Das Geschäft mit dem Fußball boomt wie nie zuvor."*[35]

---

[32] Vgl. www.Stern.de
[33] Ebd.
[34] Vgl. ebd.
[35] www.11freunde.de

5. Literaturverzeichnis

EuGH: Freizügigkeit von Berufsfußballspielern (Fall Bosman); in: Neue Juristische Woche,1996 Heft 8, S. 505-507.

Hilf, Meinhard/ Pache, Eckhard: Das Bosman-Urteil des EuGH; in: Neue Juristische Woche, 1996 Heft 18, S. 1170-1173.

Magiera, Siegfried: Gerichtshof der Europäischen Union; in: Weidenfeld, Werner/ Wessels, Wolfgang (Hrsg.): Europa von A-Z, Bonn 2011.

Riedel, Lars/ Cachay, Klaus: Bosman-Urteil und Nachwuchsförderung. Auswirkungen der Veränderung von Ausländerklauseln und Transferregelungen auf die Sportspiele; in: Bundesinstitut für Sportwissenschaft, 2002 Band 111.

Schmidt, Siegmar/ Schünemann, Wolf J.: Europäische Union. Eine Einführung, Baden-Baden 2009.

Vertrag über die Europäische Union (Vertrag von Maastricht).

Vertrag von Lissabon; in: Bundeszentrale für politische Bildung, 2010 Band 1056, S. 81.

Weidenfeld, Werner: Die Europäische Union, Paderborn 2011.

Wessels, Wolfgang: Das politische System der Europäischen Union, Wiesbaden 2008.

http://www.11freunde.de/bundesligen/134972/freiheit_fuer_die_fussballer; letzter Zugriff: 23. März 2012.

http://www.spiegel.de/sport/fussball/0,1518,532523,00.html; letzter Zugriff: 23. März 2012.

http://www.stern.de/sport/fussball/2-sportrecht-zehn-jahre-bosman-urteil-551616.html; letzter Zugriff: 23. März 2012.

6. Abkürzungsverzeichnis

AEUV: Vertrag über die Arbeitsweise der Europäischen Union (Vertrag von Lissabon)

EGKS: Europäische Gemeinschaft für Kohle und Stahl

EGV: Vertrag über die Europäische Gemeinschaft

EuG: Europäisches Gericht

EuGH: Europäischer Gerichtshof

EUV: Vertrag über die Europäische Union (Vertrag von Maastricht) vom 7. Februar 1992

EWGV: Vertrag zur Gründung der Europäischen Wirtschaftsgemeinschaft vom 25. März 1957

RFCL: Royal Football Club de Liège

SG: Satzung des Gerichtshofes

UEFA: Union of European Football Associations

URBSFA: Union royale belge des societes de football association